Meine Mama

meine beste Freundin

für immer und ewig verbunden

Ein Kinderbuch über die Liebe und
tiefe Verbundenheit zwischen Mutter und Kind.

Dieses Buch gehört:

Morgens wache ich auf und wen sehe ich da?
Meine Mama lächelt mich an, das ist wunderbar.

„Guten Morgen, mein Schatz," sagt sie ganz froh.
„Heute erleben wir wieder so viel. Das
weiß ich sowieso."

Ich freue mich auf den Tag mit Mama, der
wird wieder toll.

Mit Mama zu frühstücken macht mir Spaß
und ist ein großer Genuss.

Haferflocken mit Milch und Obst dazu.
Es schmeckt alles lecker, ich genieße es im Nu.

So starten wir gemeinsam fröhlich und
munter in den Tag.

Danach gehen wir raus, die Sonne scheint hell,
wir spielen und lachen, das gefällt mir sehr schnell.

Im Park gibt's so viel zu sehen und zu entdecken,
mit Mama an meiner Seite kann ich alles erkunden.

Wir rennen und springen, das macht uns froh.

Auf dem Spielplatz schaukeln wir hin und her,
Mama schubst mich an und ich fliege immer mehr.

Wir rutschen und klettern, das macht so
viel Spaß, mit Mama zu spielen, das bringt
Freude in großem Maß..

Jeder Tag mit Mama ist ein Abenteuer.

Zu Hause basteln wir, schneiden und kleben,
Mama hilft mir dabei, das ist ein schönes Erleben.

Wir machen kleine Kunstwerke, bunt und fein,
Mama sagt: „Deine Bilder sind so toll, mein kleiner Sonnenschein."

Unser Haus wird zu einer Galerie aus Farben und Freude.

Manchmal streiten wir auch, aber nur kurz,
denn Mama und ich, wir haben ein starkes Band.

Wir versöhnen uns schnell, geben uns einen Kuss.
„Ich hab dich lieb“, sagt Mama,
„und das bleibt immer so.“

Nach jedem Streit ist unser Lachen umso lauter.

Mittags gibt es gesundes Essen, das schmeckt lecker, mit Mama zu kochen, das finde ich wirklich schön.

Wir schnippeln Gemüse, machen alles bereit, Mama sagt: „Das Kochen mit dir ist eine schöne Zeit.“

Zusammen entdecken wir neue Gerichte, diese sind köstlich.

Nachmittags kuscheln wir, lesen ein Buch,
Mamas Geschichten sind immer ein Hochgenuss.

Wir tauchen ein in fantastische Welten.
Wenn Mama erzählt, höre ich gerne zu.

Jede Geschichte bringt uns näher und lässt
uns träumen.

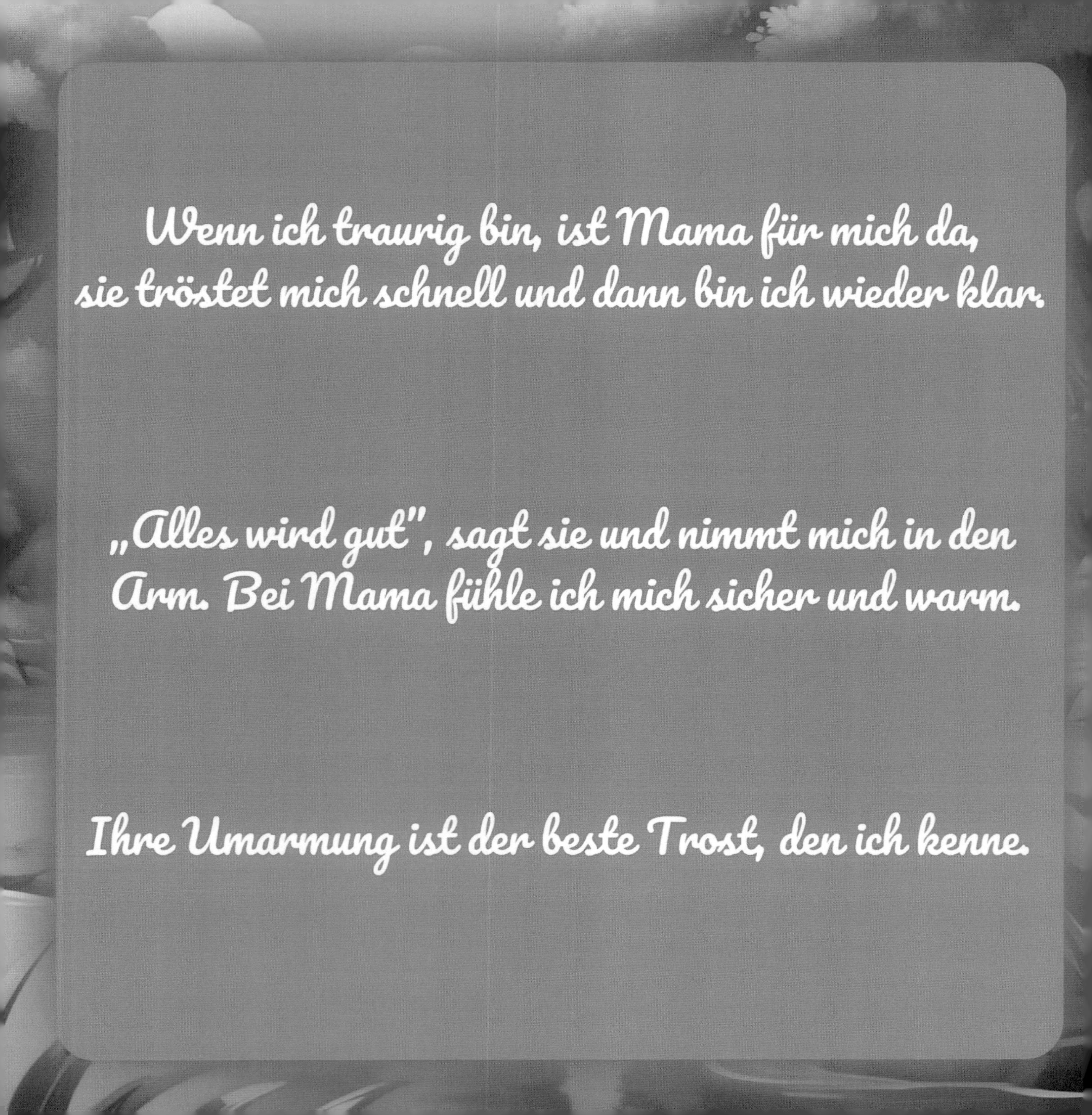

Wenn ich traurig bin, ist Mama für mich da,
sie tröstet mich schnell und dann bin ich wieder klar.

„Alles wird gut", sagt sie und nimmt mich in den
Arm. Bei Mama fühle ich mich sicher und warm.

Ihre Umarmung ist der beste Trost, den ich kenne.

Wir sprechen über den Tag und was schön war.
„Mit dir war alles wunderbar“, meint Mama.

Abends gibt's noch einen Gute-Nacht-Kuss,
Mama deckt mich zu, sagt: „Schlaf gut,
mein Schatz.“

Im Schlaf träume ich von unseren Abenteuern.

Ich träume von Abenteuern mit Mama an meiner Seite, sie ist meine Heldin, das weiß ich ganz ohne Zweifel.

Als die besten Abenteuerer besiegen wir Drachen und erkunden ferne Länder.

In jeder Nacht erlebe ich ein neues Abenteuer mit Mama an meiner Seite.

Jeden Tag lerne ich viel, Mama hilft mir dabei.
„Du kannst alles schaffen, nur
Mut, sei frei", bestärkt sie mich.

Wir üben Schwimmen, Tauchen und mehr -
mit Mama an meiner Seite fällt mir das
Lernen nicht schwer.

Mit ihr wird Lernen zu einem spannenden Spiel.

Auch wenn ich mal Angst habe, ist Mama gleich zur Stelle. Sie macht mir Mut und sagt: „Du machst das toll."

Mit Mama an meiner Seite fühle ich mich stark, sie ist mein Schutzengel bei Tag und Nacht.

Ihre Worte umhüllen mich wie ein Schild, das mich beschützt.

Zusammen machen wir auch Quatsch und lachen ganz viel. Mit Mama zu spielen, das ist mein Ziel.

Wir erzählen uns Witze, kitzeln uns stark, das bringt uns zum Lachen und macht richtig Spaß.

Jeder Tag, an dem wir zusammen sind, ist ein großes Fest.

Mama fährt mich überall hin, zum Sport und zu Freunden. Abends ist sie zwar müde aber glücklich und zufrieden.

„Du bist mein Taxi", sage ich und lache. Mama lächelt zurück und sagt: „Für dich immer, mein Schatz."

Egal wohin, mit Mama bin ich immer gut unterwegs.

Mit Mama an meiner Seite ist jeder Tag ein großes Geschenk. Ich bin so froh, sie bei mir zu haben.

Wir erkunden die Welt Schritt für Schritt. Mama und ich, wir nehmen alles mit.

Zusammen entdecken wir die Welt und ihre Wunder.

NIA

Manchmal schimpft Mama, wenn ich Mist baue, doch ich weiß, sie tut's, weil sie mich liebt.

„Es ist wichtig, Fehler zu machen", erklärt sie dann. „Du lernst daraus, mein Schatz, und wirst immer besser."

Ihre Liebe und Geduld lassen mich wachsen und lernen.

Wir gehen zusammen einkaufen, das ist immer ein Erlebnis. Es ist wirklich aufregend, mit Mama im Supermarkt zu sein .

Die leckersten Früchte und mehr suchen wir uns aus. Mama sagt: “Ich freue mich sehr, dich als kleinen Helfer bei mir zu haben.”

Gemeinsam füllen wir unseren Einkaufskorb mit Leckereien.

Bevor ich schlafen gehe, kuscheln wir noch mal.
Mama erzählt mir eine Geschichte, das
finde ich genial.

Sie küsst mich auf die Stirn und flüstert leise:
„Ich hab dich lieb, mein Schatz."

Mit diesen Worten im Ohr schlafe ich zufrieden
und glücklich ein.

Es macht mich so glücklich, mit meiner Mama
Zeit zu verbringen.
Glück und Freude entdecken wir
oft in den kleinen Dingen.

Zwischen ihr und mir spüre ich ein magisches Band,
das größer ist als jedes Land.
Keiner kann dieses magische Band sehen,
nur wir zwei können es fühlen und verstehen.

Dieses Band kann nie zerreißen. Ich weiß, das
wird für immer bestehen.

ÜBER DIE AUTORIN

Nini möchte mit ihren Kinderbüchern die Herzen der kleinen Leserinnen und Leser erobern.
Ihre Geschichten sollen Kindern vermitteln, dass sie einzigartig sind und die Welt mit ihrer Fantasie und Kreativität bereichern können.

Doch Nini ist nicht nur eine Autorin, sondern auch eine liebevolle und einfühlsame Mutter. Sie lebt mit ihrem Sohn auf Zypern, wo sie die Schönheit und Ruhe der Insel in ihre Werke einfließen lässt. Ihre eigenen Erfahrungen als Mutter prägen ihre Geschichten und ermöglichen es ihr, auf eine besondere Weise mit den jungen Leserinnen und Lesern in Verbindung zu treten. Nini versteht es, die Magie des Vorlesens in jede ihrer Geschichten zu weben und eine Atmosphäre zu schaffen, die Kinder verzaubert. Ihre Erzählungen strahlen Wärme und Geborgenheit aus, die das Herz berühren und die Fantasie anregen.

Alles Liebe!

nini.meyenschein_autorin

Impressum

Erstausgabe 2024

Herausgeber:
FITLANE LTD, 1st April 47, 3117 Limassol, Zypern
HE409833
Email: nini@fitlane.net

Autorin: Nini Meyenschein
1 Auflage
Covergestaltung und Satz: Dirk Meyenschein
Bildmaterial und Illustrationen: Dirk Meyenschein
Korrektorat: Anette Meyer

Verantwortlich für den Druck: Amazon Distribution GmbH, Leipzig

Printed in Poland
by Amazon Fulfillment
Poland Sp. z o.o., Wrocław

41587724R00027